Anonymous

Text und Gesänge zu Die Tochter des Tambour-Majors

oder Die Franzosen in Holland - komische Operette in 3 Akten 4 Bildern

Anonymous

Text und Gesänge zu Die Tochter des Tambour-Majors
oder Die Franzosen in Holland - komische Operette in 3 Akten 4 Bildern

ISBN/EAN: 9783743487529

Hergestellt in Europa, USA, Kanada, Australien, Japan

Cover: Foto ©Thomas Meinert / pixelio.de

Manufactured and distributed by brebook publishing software (www.brebook.com)

Anonymous

Text und Gesänge zu Die Tochter des Tambour-Majors

Den Bühnen gegenüber als Manuscript gedruckt.
(Aufführungsrecht vorbehalten.)

Text und Gesänge
zu:
Die Tochter des Tambour-Majors
oder:
Die Franzosen in Holland.

Komische Operette in 3 Akten (4 Bildern)
von
Duru und Chirot.

Musik
von
Jacques Offenbach.

Eigenthum
von

Adolph  **Fürstner.**

(C. F. Meser.)
Königl. Sächs. Hofmusikhandlung.
Berlin
Behrenstraße Nr. 7.

Personen.

Van Hokenbroing.
Margarethe, seine Gemahlin.
Stella, ihre Tochter
Van Huizquidam.
Die Vorsteherin eines Mädchen-Pensionats.
Franziska,
Hermenegild,   } Pensionairinnen.
Bertha,
Eine Aufseherin.
Gregor, Gärtner.
Robert, Lieutenant.
Monthabor, Tambour Major,   } der französischen
Morin, Sergeant,   } 12. Halbbrigade.
Oriolet, Pfeifer,
Claudine, Marketenderin,
Van der Fagel,   } holländische Edelleute.
Van Sprieten,
Clampas, Gastwirth in Amsterdam.
Ein Notar.
Erster Diener   } des van Hokenbroing.
Zweiter Diener
Ein holländischer Corporal.
Holländische Herren und Damen. Ballgäste.
Pensionairinnen, französische und holländische
 Soldaten.
Männer und Frauen aus dem Volke.

Der erste Akt spielt in einem Mädchen-Pensionate bei Breda im Spätsommer des Jahres 1794; der zweite Akt auf einem Landgute des van Hokenbroing bei Utrecht im Winter 1794; der dritte in Amsterdam zu Anfang des Jahres 1795.

Erster Akt.

(Das Theater stellt den Garten eines Pensionats vor.)

Nr. 1. **Introduction.**

Chor der Pensionairinnen.
Madonna, hochverehret,
Nimm unf're Huld'gung dar,
Und Blumen, die bescheeret
Der Gläub'gen fromme Schaar;
Den Sündern Gnad' gewähret
Hast Du immerdar!
Madonna, hochverehret,
Nimm unf're Huld'gung dar!

Franziska.
Stella ist's! Pst!

Chor.
Pst!

Stella.
Warum?

Franziska.
Da, sieh doch!

Chor.
Nur leise! Nur leise!

Stella.
Ich hab' geplündert für Euch
Den ganzen Garten und sein Bereich,
Da, seht her!

Chor.
Ah!

Stella.
Still nun im Kreise,
Blumen, Früchte, was wollt Ihr mehr?
Hab' ich für Euch gepflückt, seht her!
Franziska und Chor.
Sie plündert fast den Garten leer,
Da seht nur her!
Stella.
Was wollt Ihr mehr?

Lied.
I.
Nehmt diese Trauben, süß und saftig,
Wie ich noch keine schöneren sah,
Nehmt die Orangen, denn wahrhaftig,
Nur zum Genusse sind sie da.
Alles ist Contrebande, ich weiß es,
Doch wie im einst'gen Paradies
Beißen wir zu Trotz des Verweises —
Denn verbotene Frucht schmeckt süß!
Alle.
Beißen wir zu Trotz des Verweises
Beißt nur zu, hm!
Beißt nur zu, hm!
Denn verbotene Frucht schmeckt süß!

II.
Stella.
Eva, so sagt uns die Geschichte,
Biß in den Apfel fest hinein.
Ich bringe hier ganz andere Früchte,
Ihr müßt damit zufrieden sein.
Mag nun die Frucht wie immer heißen,
Apfel, Orange, 's ist gewiß
Selige Lust hineinzubeißen,
Denn verbotene Frucht schmeckt süß!
Alle.
Beißen wir zu Trotz 2c.

Vorsteherin.
Was giebt's!
Franziska.
Ha, sie ist wach!
Stella.
Ahmet mir nach!
Vorsteherin.
Wie? Was?
Stella.
Ahmet mir nach!

Stella. Franziska. Chor.
O Madonna, verehrte!
Nimm Huld'gung dar!

Stella.
Ach, beißen wir trotz des Verweises,
Denn verbotene Frucht schmeckt süß!

Alle.
Beißen wir zu Trotz des Verweises.
Nimm die Huld'gung, o hochverehrte
Madonna, von uns'rer frommen Schaar.

Stella.
Seit langer Zeit schon nicht mehr frei,
Kaum athmen noch die Niederlande,
Niemand hört unsern Hilferuf,
Zu brechen unsre Sklavenbande!
O komm', Franzos! Wir bitten schön!
Die gold'ne Freiheit uns zu bringen.
Am Tag, wo wir Dich endlich seh'n,
Hört man's in allen Straßen singen:
Du Schelm-Franzos!
Du Gold-Franzos!
O komm, zu lösen unsre Ketten!
Du bist willkommen, nun drauf los,
Das theure Vaterland zu retten.

Stella.
Beißen wir zu Trotz des Verweises,
Denn verbotene Frucht schmeckt süß!

Alle.
Beißen wir zu Trotz des Verweises!

Nr. 2. Ensemble.
Chor der Soldaten.
Sich in Reih' und Glied rangiren,
Bei der Hitze fortmarschiren,
Nein, fürwahr, das ist kein Spaß.
Schon fühlt man die Kraft ermatten,
Doch hier winket kühler Schatten,
Auszuruh'n, wie wohl thut das.

Griolet.
Ja, hier ist's ganz schön, auf Ehrenwort!

Monthabor.
Nun sagt, mein Lieutenant, ist nicht wohlgewählt der Ort?

Robert.
Sehr gut! Macht's bequem Euch geschwind,
Ihr habt es endlich ja verdient!

Griolet. Monthabor. Chor.
Nun macht's bequem Euch hier geschwind,
Redlich haben wir es verdient.

I.
Robert.
Freunde, nur Muth, Lorbeern uns winken,
Ist das Loos eines Kriegers auch hart,
Fehlt uns auch oft Essen und Trinken,
Sind wir im Schweiß oder halb erstarrt;
Und wenn wir dem Tod uns auch weihen,
Den Säbel, die Flinte zur Hand,
Durchbrechet die feindlichen Reihen,
Kühn zum Siege den Weg gebahnt,
Piff, paff! Ja, da giebt's Heldenthaten!
Piff, paff! Nur mit Muth voran.
Piff, paff! In's Feuer, Soldaten!
Piff, paff! Immer drauf und dran!

Alle.
Piff, paff! Ja, da giebt's Heldenthaten!

Piff, paff! Nur mit Muth voran!
:,: Piff, paff! Piff, paff! :,:
Immer drauf und dran, drauf und dran!

II.
Robert.
Sind in die Stadt wir eingezogen,
Wird uns das Haupt mit Blumen geschmückt,
Jeder empfängt uns wohlgewogen,
Da man die Sieger in uns erblickt.
Und während der Mann voll Entzücken
Vom Keller uns holt guten Wein,
Sein reizendes Weib wir erblicken,
Freundlich ladend zum Mahl uns ein,
Piff, paff! Ja, da giebt's Heldenthaten!
Piff, paff! Nur mit Muth voran!
Piff, paff! In's Feuer, Soldaten!
Piff, paff! Immer drauf und dran!

Alle.
Piff, paff! Ja, da giebt's Heldenthaten!
Piff, paff! Nur mit Muth voran!
:,: Piff, paff! Piff, paff! :,:
Immer drauf und dran, drauf und dran!

Nr. 3. Couplets.
I.
Claudine.
's ist kein Esel, so wie gewöhnlich,
Plump und dumm, da seht ihn nur an,
Martin besitzt die Kunst persönlich,
Um zu gefallen Jedermann.
's sind seine Launen zu ertragen,
Er ist loyal, ergeben, treu,
Könnt' man von manchem Manne sagen,
Daß er wie dieser Esel sei.
:,: J'a! J'a! Daran erkennet ihn Jeder, wie's scheint,
J'a! J'a! Nicht Esel nennt ihn,
Das ist ein Freund
J'a! J'a! J'a! :,:

Griolet. Robert. Monthabor und Chor.
Ja! Ja! Das ist ein Freund!
Ja! Ja! Ja!

II.
Claudine.
Er ist klug, wie ein junges Weibchen,
Er ist brav, wie ein Grenadier,
Er ist zahm, wie ein Turteltäubchen,
Und kokett, wie ein Cavalier!
Ja man sollt' mit dem Preis ihn krönen,
Denn sein Herz ist noch liebeleer,
Es giebt nicht viele uns'rer Schönen,
Die in dem Punkte so sind, wie er.
:,: Ja! Ja! Daran erkennet ihn ꝛc. ꝛc. :,:

Nr. 4. Ensemble.
Stella.
Erbarmen, Gnade, ach, für mich,
Seid mild mit mir, Ihr Herrn Soldaten!
Robert.
Mein Kind, beruhigen Sie sich,
Wir sind wahrhaftig nicht Piraten.
Stella.
Ach, sind Sie wirklich nicht so wild?
Griolet. Monthabor. Chor.
Nicht Arges führen wir im Sinn,
Wir sind wie Kinder sanft und mild.
Robert.
Welch' überraschend Abenteuer!
Sie sind allein am Orte, wie?
Stella.
Ich schwör's bei Allem, was mir theuer.
Ich staune ebenso wie Sie.
Um Reu' und Leid zu wecken,
Saß in der Zelle ich;
Die Schwestern, voller Schrecken,

Entflohen ohne mich.
Ich zittre gleichfalls.
Robert.
Wir sind doch nicht fürchterlich,
Seh'n Sie her, wir wollen Ihr Vertrauen erwecken;
Mag man sorglos, leicht uns auch nennen,
Und treiben wir's auch sans façon mit frohem Muth,
Doch wenn Sie näher uns erst kennen,
Sind wir Jungens herzlich und gut!
Alle.
Sind wir Jungens herzlich und gut!
Robert.
Drum kein Mißtrau'n mehr, ich bitte,
Kopf in die Höh', mit leichtem Sinn,
Und wie's bei hübschen Mädchen Sitte,
Sei'n Sie so fröhlich wie vorhin.
Alle.
Sei'n Sie so fröhlich, ja, so fröhlich, wie vorhin.
Stella.
Mit der Furcht ist's nun vorbei,
Und daß ich ehrlich nur gestehe,
Ich fühl' im Herzen nicht mehr Scheu,
Sondern Sympathie in Eurer Nähe.
Robert.
So ist es recht, wie es sein soll,
O, so gefällt sie mir ganz wohl!
Claudine.
Da seht das Zuckerpüppchen an,
Wie sie sich einschmeicheln kann.
Griolet. Monthabor. Chor.
So ist es recht, wie es sein soll,
So gefällt sie uns ganz wohl.
Stella.
Da ich ganz allein an dem Ort,
So will ich Euch empfangen sofort,
Und machen, wenn's beliebt ohne Säumen,
Die Honneurs in dieses Hauses Räumen,
Will Euch führen zum Geflügelhaus.

Claudine. Griolet. Robert. Monthabor.
Chor.
Ha, sie führt uns zum Geflügelhaus.
Stella.
Und zum Küchengarten schnell hinaus.
Alle.
Und zum Küchengarten schnell hinaus.
Stella.
Führ' Euch in den Keller dann hinein.
Alle.
Sie führt uns in den Keller dann hinein.
Stella.
Es giebt dort sehr guten alten Wein.
Alle.
Ach, das wird ein tolles Leben sein.
Stella, Claudine und die Andern.
Geht nun, Mann für Mann,
Uns Hühner und Gänse winken,
In den Keller dann,
Recht voll uns da zu trinken.
Robert.
Doch Alles fein mit Maß und Ziel,
Das Nöthige nur, nehmt nicht zu viel.
Stella.
Mein Lieutenant, 's wird recht gethan,
Nun kommt, Soldaten, nur voran!
Alle.
Nur voran, nur voran!
Nur voran, nur voran!
Stella.
Will Euch führen zum Geflügelhaus!
Alle.
Ha, sie führt uns zum Geflügelhaus!
Stella.
Und zum Küchengarten schnell hinaus!
Alle.
Und zum Küchengarten schnell hinaus!
Geht nun Mann für Mann,

Wo uns Hühner, Gänse winken.
In den Keller dann,
Recht voll uns da zu trinken!
Nur voran, nur voran!
Ja, nur voran!

Nr. 5. Couplets.

I.
Griolet.
Geht meine Nadel auf und nieder,
Denk' ich Dein! Wenn ich Dich von Weitem seh',
Leuchten meine Augenlider!
Bald blaß, bald roth werd' ich in Deiner Näh'!
Ich hoffe, trotz Beschwerden,
Von Dir geliebt zu werden,
Denn wisse, daß auf Erden
Es gar nichts Nebulos'res giebt,
Wie einen Schneider, Schneider, der verliebt!

II.
Siehst Du, wie sehr ich Dich liebe,
Gerührt bist Du, und blickst erstaunt mir in's Gesicht.
Nach und nach erwachen die Triebe,
Und das kommt, gefall' ich im Anfang Dir auch nicht.
Ich hoffe, trotz Beschwerden,
Von Dir geliebt zu werden;
Denn wisse, daß auf Erden
Es gar nichts Nebulos'res giebt,
Wie einen Schneider, Schneider, der verliebt.

Nr. 6. Tafelscene.

Chor.
's ist gedeckt, das Mahl uns winkt,
Hier in dieses Gartens Frische,
Ihr Freunde kommt, eßt und trinkt!
Zu Tische, zu Tische, zu Tische!

Monthabor.
Ich schneide Brod ab, Stück für Stück.

Stella.
'ś ist zu viel!
Monthabor.
Ei! man muß essen!
Griolet.
Pristi! Dies Huhn ist magnifique!
Monthabor.
Es macht dies Mahl jedes Ungemach vergessen!
Ja, das schmeckt herrlich!
Griolet.
O wie gut und wie fein,
Das Kauen thut fast weh den Gästen.
Monthabor und Gästechor.
O wie gut!
Griolet. Monthabor. Chor.
Und wie fein!
Das Kauen thut fast weh den Gästen.
Robert.
Nun, zum Glücke giebt's da auch Wein,
Schenket ein von dem allerbesten.
Chor.
Vom Besten! vom Besten! vom Besten!
Robert.
Das erste Glas bringe ich aus
Der reizenden Schönen zum Frommen,
Die gastlich geöffnet dies Haus
Und uns so freundlich aufgenommen.
Chor.
Der Schönen, die uns aufgenommen,
Ja — auf ihr Wohl dies Glas leert aus.
Monthabor.
Uns ist ganz fröhlich zu Gemüth',
Jetzt fehlt nur noch ein lustig Lied.
Nun, könnt Ihr etwa keines?
Doch halt! Der Hausfrau hier
Robert.
Die Ehre nur gebühr'!

Alle.
Die Ehre nur gebühr'!
Stella.
Ich weiß nur Eines.
Robert.
So singen Sie's!
Alle.
So singen Sie's!
Stella.
's ist ein verbotenes Lied,
Das ich einst heimlich fand,
Ach, ein herrliches Lied,
Ihr werdet drin genannt.
Robert.
Von uns ein Lied? Ich bin ganz Ohr!
Alle.
So singen Sie das Lied uns vor!

Couplets.
Stella.
Seit langer Zeit schon nicht mehr frei,
Kaum athmen noch die Niederlande,
Niemand hört unsern Hilfeschrei,
Zu brechen uns're Sklavenbande.
O komm', Franzos, wir bitten schön!
Die gold'ne Freiheit uns zu bringen.
Am Tag, wo wir Dich endlich seh'n,
Hört man's in allen Straßen singen —
Alle.
Hört' man's in allen Straßen singen —
Stella.
Du Schelmfranzos! Du Goldfranzos!
O komm, zu lösen unsre Ketten!
Du bist willkommen; nun drauf los,
Das theure Vaterland zu retten!
Alle.
Du Schelmfranzos! Du Goldfranzos!
O komm, zu lösen unsre Ketten!

Du bist willkommen; nun drauf los,
Das theure Vaterland zu retten!
Stella.
Der Franzos hat ein fühlend Herz
Mit seines Nachbarvolks Geschicken,
Die Freiheit bringt er landeinwärts
Und weiß die Völker zu beglücken.
Die Frauen waren stets geneigt
Dem kühnen, stolzen Herzbezwinger,
Und manche heimlich spricht und zeigt
Mit Fingern auf den stolzen Krieger.
Alle.
Mit Fingern auf den stolzen Krieger!
Griolet. Robert. Monthabor.
Sehr gut, das ist ein herrlich Lied!
Chor.
Von Freiheitsliebe ganz durchglüht!
Robert. Griolet. Monthabor.
Sehr gut! Das war ein herrlich Lied!
Chor.
Sehr gut! sehr gut!
Ach, sie ist reizend, meiner Treu!
Stella.
Ihr Herren, Ihr Herren, ach, laßt mich frei!
Chor.
Ach, sie ist reizend, meiner Treu!
Robert.
Haltet ein! daß Keiner es wage;
Achtung vor Frau'n sei Losungswort,
Höre ich noch die mindeste Klage,
Der hat's mit mir zu thun sofort.
Chor.
Nun wohl, mein Lieutenant, herzlich gern.
Stella. Claudine.
Er schützet { mich, / sie, } frei zu gestehen,
Hab' solche Gluth nie ich gesehen.

Griolet. Monthabor.
Schau, schau :,: :,: so was zu sehen,
Schau :,: :,: :,:, glaub' zu verstehen.
Chor.
Wir bleiben von dem Mädchen fern!
Schau, schau, wir bleiben fern!
Robert.
's ist gut; nichts mehr davon!
Nun, Griolet, ist's an Dir,
Ein Lied singe hier!
Chor.
Nun, Griolet, ist's an Dir,
Ein Lied singe hier!
Griolet.
Singen wir, Claudine,
Die Legend' vom Grenadier.
Claudine.
Die Legend' vom Grenadier!
Chor.
Die Legend' vom Grenadier!

Legende.

Claudine.
Eine Prinzessin hat es einst gegeben —
Griolet.
Es war einmal ein Grenadier —
Claudine.
Sie führt' ein vornehm reiches Leben —
Griolet.
Er lag im simplen Standquartier —
Claudine.
Doch kaum erblickte sie ihn eben —
Griolet.
Die Prinzessin sah der Grenadier —
Claudine.
So war in Lieb' sie ihm ergeben —
Griolet.
Sie sagten sich's auf dem Papier!

Beide.
Kinder, das sind historische Daten!
Prinzessinnen selber, wie's schon geht,
Heirathen oft simple Soldaten!
Chor.
Das sind ja Daten —
Claudine.
Wie das schon so —
Griolet.
Wie das schon so —
Claudine.
Im Kalender steht —
Griolet.
Im Kalender steht —
Griolet. Claudine. Chor.
Wie das so, wie das so im Kalender steht!
Claudine.
Die Prinzessin war in ihn geschossen.
Griolet.
Er liebte sie, der kühne Held.
Claudine.
Sie machte ihn zum Eh'genossen.
Griolet.
Er hat den Prinzenstand gewählt.
Claudine.
Und weil in Liebe sie zerflossen,
Griolet.
Und weil es ihm an Muth nicht fehlt —
Claudine.
So brachten sie es zu was Großem,
Griolet.
Regierten dann die ganze Welt!
Beide.
Kinder, das sind historische Daten ꝛc.
Robert.
Man bläst Appell, vernehmet Ihr?
Monthabor.
Ja, sapperment, so eilen wir!

Robert.
Genug für jetzt, 's ist Jedermann
An Disciplin gewöhnet.
Soldaten, Eure Pflicht gethan,
Wenn die Trompete tönet!
Stella. Claudine. Griolet. Robert. Monthabor. Chor.
Genug für jetzt, 's ist Jedermann
An Disciplin gewöhnet.
Soldaten, Eure Pflicht gethan,
Wenn die Trompete tönet!
Chor.
Nun kommt, wir sind an Disciplin gewöhnet,
Wenn die Trompete tönet!

Nr. 7. Finale.
Chor.
Ach, wollt uns Gnade gönnen,
Ihr Herren Soldaten gleich,
Damit wir beten können
    Für Euch!
Tenori und Bässe.
Wollt Ihr herzigen Schönen,
Mit dem Blick, sanft und weich,
Uns doch ein Obdach gönnen
    Hier gleich!
Hokenbroing.
Gottlob, Sie sind da, ich athme auf,
Woher kommen Sie in vollem Lauf?
Vorsteherin.
Soldaten rings auf allen Wegen,
Ach, wir zitterten gar sehr,
Da führt' ich ohne Ueberlegen
Meine Schäfchen wieder her.
Hokenbroing.
Aber unter Ihrer Heerde
O Gott! meiner Tochter ich gewahr nicht werde.

Vorsteherin.
Die Flucht war so geschwind —
Verzeihen Sie, daß auf Ihr liebes Kind
Ich hier ganz vergaß.
Huizquidam.
Sie vergaß Ihre Tochter!
Hokenbroing.
Sie vergaß meine Tochter!
He Stella! Hollah!
Stella.
Ich bin da!
Hokenbroing.
Sie lebt! Mein Gott, ich danke Dir!
Robert.
Seine Tochter!
Claudine. Griolet.
Seine Tochter!
Monthabor.
Das Kind von diesem Alten hier!
Chor der Soldaten.
Das Kind von diesem Alten hier?
Stella.
An dieser braven Schaar Soldaten
Bezeigen Sie nur dankbar sich,
Sie waren mir liebe Kameraden
Und wachten schützend über mich!

Couplets.
Stella.
I.
Es zog dies Regiment herein,
Ich war im Hause ganz allein,
Es zu empfangen;
Doch kaum, daß ich's erst recht geseh'n,
So war's um Furcht und Angst gescheh'n
Und eitel Bangen.
Soldaten von dem Regiment
Der zwölften Halbbrigade.

Ich blieb bis an mein letztes End'
Euch treu und ein guter Kamerade.
Braves Corps, das in blut'ger Schlacht
Folgt dem Klang fröhlicher Trompete,
Daß Dich Gott gnädig stets bewacht,
Will ich flehen Tag und Nacht
Im Gebete, im Gebete, im Gebete!
            Alle.
Für das Corps, das in blutiger Schlacht
Folgt dem Klang fröhlicher Trompete
        Stella und Alle.

Daß { Dich / es } Gott gnädig stets bewacht,
Werd' ich
Wird sie } fleh'n im Gebete!

            Stella.
            II.
Nun frag' ich Euch ganz grad' heraus —
O zieht doch nicht die Stirn so kraus,
Verbannt die Sorgen;
Hat man bedient die ganze Schaar,
Wenn man mit ihnen fröhlich war
Den ganzen Morgen.
Soldaten von dem Regiment
Der zwölften Halbbrigade,
Vergeßt das nicht — potz Element!
Ich bleib' ein treuer Kamerade.
Braves Corps, das in blut'ger Schlacht
Folgt dem Klang fröhlicher Trompete,
Daß Dich Gott gnädig stets bewacht,
Will ich flehen Tag und Nacht
Im Gebete! im Gebete! im Gebete!
            Alle.
Für das Corps, das in blut'ger Schlacht
Folgt dem Klang fröhlicher Trompete
        Stella und Alle.

Daß { Dich / es } Gott gnädig stets bewacht,

Werd' ich } fleh'n im Gebete!
Wird sie }

Hokenbroing.
Nun rasch beeilt, wir gehen fort!

Hokenbroing. Huizquibam.
Verlassen schnell diesen Ort!

Vorsteherin und Pensionairinnen.
Fort mußt Du eilen,
Denke zuweilen
In Deinem Glück
An das Haus hier zurück!
Daß in den Mauern
Freundinnen trauern
Und Niemand ist,
Der Dich vergißt!

Griolet.
Sie gehen fort, nun Muth beim Scheiden.

Hokenbroing.
's ist schon recht, sie hat ja Muth.

Robert.
Wie schade! Ich soll Sie meiden?

Hokenbroing.
's kann ja sein, es ist schon gut.

Monthabor.
Ich soll Sie nicht wiedersehen?

Hokenbroing.
Das genügt, was wollt Ihr noch?

Robert.
Ja, besser ist's, wenn Sie gehen.

Hokenbroing.
Ja, zum Teufel! laßt sie doch!

Hokenbroing und Huizquibam.
Ja, zum Teufel, laßt sie doch!

Vorsteherin und Mädchen.
Fort mußt Du eilen,
Denke zuweilen
In Deinem Glück
An dies Haus hier zurück!

Daß in den Mauern
Freundinnen trauern,
Und hier Niemand ist,
Der Dich vergißt.

Griolet. Robert. Monthabor und Herrenchor.
Fort heißt es eilen,
Denken zuweilen
Sie in Ihrem Glück
Noch an die Freunde oft zurück!

Griolet. Robert. Monthabor.
Der Stunde, die wir zugebracht,
  Sei oft gedacht!

Stella.
Sie denkt daran!
So lebt denn wohl, ich muß nun geh'n,
Doch leuchtet mir die Hoffnung schön,
Daß wir uns fröhlich wiederseh'n.
Du Schelmfranzos, Du Goldfranzos,
O komm zu lösen unsere Ketten.
Du bist willkommen, nur drauf los,
Das Vaterland zu retten!

Vorsteherin. Pensionairinnen.
Fort mußt Du eilen,
O denk' zuweilen
In Deinem Glück
An dies Haus hier zurück!
Nun ziehet fort, wir hören schon
Der Trommeln und Trompeten Ton.

**Claudine. Griolet. Robert. Monthabor.
Herrenchor.**
Du Schelm=Franzos, Du Gold=Franzos,
O komm, zu lösen ihre Ketten.
Du bist willkommen, nur drauf los,
Das Vaterland zu retten!
Nun zieh'n wir fort, wir hören schon
Der Trommeln und Trompeten Ton!

(Ende des ersten Aktes.)

Zweiter Akt.

(Ein reich ausgestatteter Salon.)

Nr. 8. Couplets.
Margaretha.

I.

Seh'n Sie nur meine Züge,
Verblaßt wie ein Traum,
Dieses Aug' ist nicht Lüge,
Sie erkennen mich kaum.
Auf meinem Teint meistens malen
Lilien und Rosen sich,
Jetzt leid' ich Höllenqualen,
Bedauern Sie von Herzen mich,
Ach, ich hab' Migräne, oh! Migräne,
Daß ich vor Leiden nichts seh' und hör',
Ich hab' Migräne, oh! Migräne,
Ich hab' Migräne und meine Vapeurs!

II.

Von Natur aus persönlich
Lieb' ich nur den Scherz,
Ich bin heiter gewöhnlich,
Hab' ein sehr gutes Herz.
Doch wenn die Schmerzen mich plagen,
Könnt' den Gatten prügeln ich,

Alles in Stücke schlagen,
Bedauern Sie von Herzen mich!
Oh! ich hab' Migräne, oh! Migräne,
Daß ich vor Leiden nichts seh' und hör'!
Ich hab' Migräne! Oh! Migräne,
Ich hab' Migräne und meine Vapeurs!

Nr. 9. Rondo.

Stella.

Es ist närrisch, es ist närrisch, daß ich's sage,
   Und klingt komisch, in wie fern
Unsre Eltern, unsre Eltern heut zu Tage
   Ihre Kinder haben gern.
   Wie sie küssen sie und tätscheln,
   Alle Sorgfalt ihnen weih'n.
Wie gehorsam, wie gehorsam sind sie schnelle,
   Wenn das Kind nur etwas mag,
Hör'n sie's schreien, hör'n sie's schreien, auf der Stelle
   Kommen sie dem Wunsche nach.
   Aber wird das liebe Mädchen
   Achtzehn, zwanzig Jahre alt,
   Muß man staunen, wie das Rädchen
   Anders läuft nun mit Gewalt.
   Man sucht sie nur loszukriegen,
   Kommt es ihr auch sauer an,
Und sie sagen mit Vergnügen, mit Vergnügen,
   Diesen nimmst Du jetzt zum Mann.
   Sieh nun, wie Du mit ihm auskommst,
Der da wird Dein Mann, adieu, adieu, adieu, adieu,
   Mache nun, daß Du hinaus kommst.
   Und geschlossen wird die Eh'!
Unbekümmert, unbekümmert um ihr Sehnen,
   Hört man ihre Seufzer nicht,
Achtet nicht auf ihre Thränen, ihre Thränen,
   Geh' und thu' nur Deine Pflicht!
   Nun, da könnet Ihr wohl sehen,
   Theure Eltern, gute Nacht,

Daß die Frau in solcher Ehe
Oefters Seitensprünge macht! —
Margaretha. Hokenbroing und Huizquibam.
Ach, nur keinen Sprung gemacht.

Nr. 10. Quartett.
Robert.
Das —
Hokenbroing.
Das —
Robert. Hokenbroing. Griolet. Monthabor.
Das ist ein Einquartier=Billet,
Es ist in Ordnung strikt und nett,
Uns aufzunehmen ganz honnett,
Uns Essen geben, Licht und Bett.
Robert.
Was braucht es viel, uns zu genügen?
Ein guter Mittagstisch und Wein,
Ein gutes Bett, um drin zu liegen,
Das Zimmer muß geheizt auch sein.
Hokenbroing.
Nein, um mein Landhaus zu verschonen,
Entbiet' ich Ihnen etwas Geld!
Griolet. Robert. Monthabor.
Wie, etwas Geld?
Hokenbroing.
Sie werden dann wo anders wohnen.
Robert.
Da, lesen Sie!
Robert. Griolet. Monthabor.
Dies Blatt, was es enthält.
Robert.
Lesen Sie dies Blatt, was es enthält!
Monthabor.
Lesen Sie dies Blatt, was es enthält!
Griolet.
Lesen Sie, lesen Sie!

Griolet. Robert. Monthabor.
Das ist ein Einquartier=Billet,
Es ist in Ordnung strikt und nett,
Uns aufzunehmen ganz honnett.
Das ist ein Einquartier=Billet,
Es ist in Ordnung strikt und nett,
Ein Einquartier=Billet,
Ein Einquartier=Billet!
Hokenbroing.
Zwei Mansarden hab' ich noch,
Jetzt kann ich mich wohl erinnern,
Oben hoch, oben hoch!
Alle Drei.
Oben hoch? Oben hoch?
Hokenbroing.
Sie logiren dort beim Koch
Und zwei alten, treuen Dienern,
Oben hoch, oben hoch!
Alle Drei.
Oben hoch, oben hoch!
Hokenbroing.
Nehmen Sie es nur nicht schief,
Die Cantine ist im Keller,
Unten tief, unten tief!
Alle Drei.
Unten tief, unten tief!
Hokenbroing.
Wenn zum Speisen man Sie rief',
Finden dort Sie Ihre Teller,
Unten tief, unten tief!
Alle Drei.
Unten tief, unten tief!
Monthabor.
Sie halten wohl zum Besten mich?
Griolet.
Beruh'ge Dich!
Robert.
Beruh'ge Dich!

Monthabor.
Im Zorne bin ich fürchterlich!
Griolet.
Beruh'ge Dich!
Robert.
Beruh'ge Dich!
Mein Herr, Sie werden nicht am End'
Beschimpfen unser Regiment.
Lesen Sie dies Dokument.
Monthabor.
Lesen Sie dies Dokument!
Griolet.
Ja, lesen Sie dies Dokument!
Lesen Sie, lesen Sie, lesen Sie!
Robert und Monthabor.
Lesen Sie!
Alle Drei.
Das ist ein Einquartier=Billet,
Es ist in Ordnung strikt und nett,
Uns aufzunehmen ganz honnett,
Uns Essen geben, Licht und Bett.
Sie räumen, 's kann nicht anders sein,
Uns Ihre schönsten Zimmer ein,
Es kann nicht anders sein,
Ja, Sie räumen uns fein
Die schönsten Zimmer ein.
Hokenbroing.
Ich räume, 's kann nicht anders sein,
Die schönsten Zimmer Ihnen ein,
Es kann nicht anders sein,
Ja, ich räume Ihnen fein
Die schönsten Zimmer ein!

Nr. 11. Couplets.
I.
Claudine.
Ich will nicht hoffen, daß man wehre
Hierher den Eingang mir vielleicht,

So wißt, daß eine Cantinière
Vor nichts erbebt, nicht wankt noch weicht.
Wie einen Pudel in den Kegeln,
So haben Sie mich angeseh'n,
Wollten mich lehren Anstandregeln,
Na! da müßt früher Ihr aufsteh'n.
Wag' Einer mich zu haschen,
Ich kenne keinen Spaß,
Nu wart', ich sag' Euch was,
Da! Steckt das nur in Eure Taschen.
　　Vli, vlan, vli, vlan!
Nehmt dies und das, nehmt dies und das!
Claudine. Griolet. Robert. Monthabor.
　　Vli, vlan, vli, vlan!
Steckt das nur in Eure Taschen,
　　Vli, vlan, vli, vlan!
Nehmt dies und das,
Nehmt dies und das! Vlan!

II.

Claudine.

Das Gleiche gilt auch in der Liebe,
Wer meinen Schatz in Ruh' nicht läßt.
Mein Herz ist gut, voll sanfter Triebe,
Jedoch mein Kopf ist eisenfest.
Sollt' ich geliebt von ihm mich glauben,
Und kommt eine And're daher,
Wagt es, sein Herz mir zu rauben,
Na gute Nacht, dann wehe Der!
Den Kopf ihr da zu waschen,
Das wär' mir außer'm Spaß,
Ich sag' ihr nur Etwas!
Da! Steck' das nur in Deine Taschen —
　　Vli, vlan!
Nimm dies und das, nimm dies und das.

Alle.

　　Vli, vlan, vli, vlan!
Steck' das nur in Deine Taschen,

Vli, vlan, vli, vlan!
Nimm dies und das,
Nimm dies und das! Vlan!

Nr. 12. Walzer und Ensemble.

Chor.
Fröhlich dreht man sich
Im Festesglanze
Hin im Tanze!
Im Festesglanz
Hin im Tanz!

Huizquibam.
Nicht seh' ich die Tochter gegenwärtig;
Wo ist die schöne Stella doch?

Margaretha.
Mit der Toilette nicht ganz fertig,
In ihrem Gemach weilt sie noch!

Chor.
:,: Fröhlich, fröhlich dreht man sich
In dem Glanze
Hin zum Tanze ꝛc. :,:

Monthabor.
Ah! Unser Logis, es ist grauslich.
Wo ist der Herr? Schnell sagen Sie mir.

Ein Diener.
Da naht die Dame selbst vom Haus sich.

Monthabor.
's ist gut, sogleich red' ich mit ihr.
Verzeihung, daß ich Sie muß packen,
Doch man steckt uns — ei! das ist nicht schön,
In eine Gattung von Baracken,
Und ich komm', und ich komm'! Ah!

Margaretha.
Ah!

Monthabor.
Potz Blitz! Kosaken! Margot!

Margaretha.
Bernard!

Monthabor.
Margot! Margot!
Margaretha.
Bernard!
Ich fühl' die Sinne mir vergeh'n.
Herrenchor.
Es wird übel der Frau vom Haus,
Doch im Grund macht man sich nichts d'raus.
Huizquibam.
Die Frau in Ohnmacht, ha! das ist gräulich!
Hokenbroing.
Die Frau in Ohnmacht, das ist gräulich!
Chor.
Es wird übel!
Es wird übel der Frau vom Haus!
Huizquibam.
Wasser bringt her!
Hokenbroing.
Wasser bringt her!
Monthabor.
Was fällt Euch ein?
Chor.
Doch im Grund —
Chor.
Ihr wird übel —
Monthabor.
Für solch' Uebel ist sehr gedeihlich,
Da hilft ein Schnaps nur ganz allein!
Chor.
Macht man sich nichts d'raus!
Hokenbroing.
Ein Schnaps?
Huizquibam.
Ein Schnaps?
Monthabor.
Das hilft allein!
Trinken Sie!

Hokenbroing. Huizquidam. Monthabor.
Trinken Sie!
    Margaretha.
Ah! Pfui! Das ist abscheulich!
    Monthabor.
Sie seh'n, das Mittel wirkt erfreulich!
    Alle.
Ah!
    Margaretha.
Ha, der Schreck warf mich nieder,
's ist Bernard, 's ist Bernard!
Er ist da, 's ist Bernard, er ist da!
   Hokenbroing. Huizquidam.
Ha, der Schreck warf sie nieder,
Man weiß nicht, was geschah!
Wir wissen nicht, was eigentlich geschah!
    Monthabor.
Ha, ich sehe sie wieder,
's ist Margot, mir so nah,
's ist Margot, mir so nah!
    Chor.
Es ward übel der Frau vom Haus,
:,: Doch im Grund macht man sich nichts b'raus. :,:
    Huizquidam.
Ha, der Soldat hat es gewagt
In einem Tone voller Rohheit —
    Monthabor.
Ach, zur Entschuldigung sei gesagt
Ein einziges Wort Ihrer Hoheit!
Wie denn, Margot,
Hier im Haus treff' ich Dich?
    Margarethe.
Hab' Mitleid mit mir,
Kein Wörtchen sprich!
    Monthabor.
Gut, ich will hier
Kein Aergerniß geben,
Doch erwarte ich Dich,

Bei Deinem Leben,
Du mußt Rede stehn
Mir sofort!
Margarethe.
Sei's, ich werde kommen,
Doch nicht ein Wort!
So will ich Alles denn vergessen,
Das Ihr gesprochen so vermessen,
Kein Wörtchen mehr, es sei verziehen.
Nun, Ihr Herren und Comtessen,
Gebt dem Vergnügen ganz Euch hin.
Hören Sie dort des Walzers Töne?
Hokenbroing.
Tanzen wir, meine Schöne.
Chor.
Fröhlich, fröhlich dreht man sich
In dem Glanze
Hin zum Tanze!
Fröhlich, fröhlich,
Drehet man sich
Beim Festesglanz
Im heitern Tanz.

Recitativ.

Stella.
Ha, wie mich Schimmer, Glanz und Pracht
In diesen Räumen hier umschweben!
Und dennoch fühl' in der Brust ich tiefe Nacht,
Denn dem Verhaßten soll die Hand ich geben.
Trotz Seide, Gold und Edelstein
Werd' ich als Gattin unglücklich sein.

Cavatine.

Hätt' mich das Loos getroffen,
Wär' ich von niedrem Stand,
Dann dürft' ich frei und offen
Verschenken meine Hand.
In dieses Reichthum's Mitte

Kann sich dies Herz nicht freu'n —
Wohnt' ich in nied'rer Hütte,
Ach! selig würd' ich sein.
Erinn'r ich mich an jenen Morgen
Wo ich zuerst geseh'n die Schaar,
Die Anfangs mich erfüllt mit Sorgen
Und später Schutz und Hort mir war.
Ich muß noch jenes Mannes denken,
Den ich so schmuck vor mir geseh'n —
Und jenem sollt' die Hand ich schenken?
Nein! nimmermehr wird das gescheh'n!

Arie.

Mag der Mutter Stimme grollen,
Mich bedroh'n des Vaters Wuth; —
In den Adern fühl' ich rollen
Feuriges Franzosenblut.
Frankreichs Ruhm und Glanz und Ehre,
Leuchtend Vorbild unserm Land,
Zu den sieggekrönten Heeren
Zieht mich hin ein mächtig Band :,:
Mit ihnen zu ziehen in Kampf und in Schlacht,
In ihrem Gefolg' Heldenthaten vollbracht,
Den feindlichen Kugeln zu bieten die Brust,
Hoch halten die Fahne, welch' herrliche Lust!

Nr. 13. Duo.

Robert.

So hören Sie, Muth giebt mir Ihre Nähe;
Ich reise fort schon morgen früh,
Drum, theure Stella, sei's gewagt,
  Daß ich laut es gestehe,
  Was still das Herz mir sagt:
  Ich sehe nur immer
  Den Engel so mild,
  Im rosigen Schimmer
  Umschwebt mich Ihr Bild.
Und seit jenen Stunden,

Wo ich Sie erblickt,
Mein Herz hat empfunden,
Wie Liebe beglückt.
O Engel, so mild,
Ach, im rosigen Schimmer
Umschwebt mich Ihr Bild.
   Stella.
Ein solches Wort! —
   Robert.
O, ich weiß, Verbrechen das nur wäre,
Von dieser Liebe werde ich bald geheilt,
Ihr Bild im Herzen stets
Hin auf das Feld blut'ger Ehre
Zieh' ich unverweilt,
Daß mich der Tod des Soldaten ereilt.
   Stella.
Ha, ich verbiete Ihnen das.
   Robert.
Wie? Was?
   Stella.
Ich verbiete Ihnen das.
   Robert.
O Stella! Dieses Wort
Wiederhol' noch einmal,
O sag' es immerfort.
   Stella.
Ach! soll ich es sagen,
Was leise hier spricht:
Ich werd' es nicht wagen,
Gesteh'n kann ich's nicht.
Des Herzens Empfinden
Erräth sich wohl kaum.
Ach! wie mög' entschwinden
Der selige Traum! Ah!
   Robert.
Ich sehe nur immer den Engel so mild,
Ach, im rosigen Schimmer
Umschwebt mich Dein Bild!

Stella.
Wie wonnig und mild,
Ach, im rosigen Schimmer
Umschwebt mich Dein Bild!

Nr. 14. Couplets.

Griolet.

I.

Das Kleid hab' ich vollendet eben,
Wie herrlich ist's und voller Pracht,
Hab' schöne Formen ihm gegeben,
Weil an die Deinen ich gedacht.
Dabei, ich muß es eingestehen,
Hab' ich erst recht mein Herz entdeckt.
Denn immer dacht' ich nur beim Nähen
An Die, die unter'm Kleide steckt,
Der Faltenrock, wie zur Parade,
Die Schürze sauber von Mus'lin,
Bedauern muß ich nur, wie schade,
Daß ich nicht diese Jacke bin.
Als Schneider kann ich deutlich sehen,
Wie mein Gefühl Du hast erweckt,
Denn immer dacht' ich nur beim Nähen
An Die, die unter'm Kleide steckt.

Nr. 15. Finale.

Chor der Gäste.
Dem Verlobungsfest beizuwohnen,
Wir alle hier versammelt sind, —
Sie erbt wohl Millionen,
Van Hokenbroings Kind,
Des edlen Herrn van Hokenbroing's Kind!

Margaretha.
Setzen Sie sich,
Meine Tochter wird sich beeilen,
Und Herr van Hokenbroing
Wird sie selbst hierher führen.
Nun denn! Nun denn?

                    Hokenbroing.
Sie ist nirgends zu finden.
                    Margaretha.
Wo mag sie weilen?
Nun denn?
                    Hokenbroing.
Nun denn?
                    Huizquibam.
Nichts!
        Margaretha und Hokenbroing.
Nichts!
                    Huizquibam.
Sie ist nicht zu sehen!
                    Chor.
Wo ist sie denn, die künft'ge Braut?
           Rufet sie laut!
Komm', Stella, Stella, Stella, her, hierher!
Margaretha. Hokenbroing. Huizquibam.
    Hierher!
                    Stella.
Wer ruft mich!
                    Alle.
Was muß ich seh'n?
                    Claudine.
Das ist mein Anzug!
                    Hokenbroing.
Wie, mein Tochter?
                    Stella.
Nein, ich bin nimmer Ihre Tochter!
                    Chor.
Ach, großer Gott! Was ist gescheh'n?
                    Stella.
Es ist mein Vater, Der!
                 Alle und Chor.
Ah!
                    Monthabor.
     Potz Blitz, mein alter Kopf,
     Ach, wie pocht er!

3*

Stella.

Ihr steht betroffen —
Ja, laut und offen
Sag' ich's der Welt,
Daß mein Vater nur er.
Hab' ihn getroffen,
Nun ist mein Hoffen
Auf dieser Erde,
Uns trennt nichts mehr.

Claudine. Margaretha. Griolet. Robert. Hokenbroing. Huizquidam.

Ich steh' betroffen,
Ja laut und offen
Sagt sie's der Welt,
Daß ihr Vater er wär'!

Claudine.

Hat ihn getroffen,
Nun ist ihr Hoffen
Auf dieser Erde,
Sie trennt nichts mehr!

Margaretha.

Hin ist mein Hoffen,
Da mich getroffen
Nun dieser bittere Schlag
Hart und schwer!

Griolet.

Ich steh' betroffen,
Ja, laut und offen
Sagt sie's der Welt,
Daß ihr Vater er wär'!
Hat ihn getroffen,
Nun ist ihr Hoffen
Auf dieser Erde,
Sie trennt nichts mehr.

Hokenbroing und Huizquidam.

Was kann ich hoffen,
Sie hat getroffen

Nun ihre Wahl, ich
Bedaure gar sehr!
   Robert.
Ach, wohl getroffen,
Nun ist mein Hoffen,
Daß auf der Erde
Uns trennet nichts mehr
   Monthabor.
Steht nur betroffen,
Ja, laut und offen
Sagt sie's der Welt,
Daß ihr Vater ich wär'!
Hab' sie getroffen,
Nun ist mein Hoffen
Auf dieser Erde,
Uns trennet nichts mehr!
   Chor.
Sie sagt es offen,
Daß ihr Vater
Dieser da wär'.
Wir stehen betroffen,
Wie zieht der sich
Aus der Affair'!
   Robert.
Du wärst ihr Vater?
   Griolet.
Du wärst ihr Vater?
   Monthabor.
Nun ja, nun ja!
Ich bin ihr Vater!
   Stella.
Mein Vater!
   Alle Soli.
Ihr Vater!
   Chor.
Es ist ihr Vater!
   Claudine.
Du wär'st ihr Vater?

Robert.
Du wär'st ihr Vater?
Monthabor.
Nun ja, nun ja!
Ich bin, ich bin ihr Vater!
Stella.
Mein Vater, mein Vater!
Alle.
Ihr Vater! Ihr Vater!
Chor.
Es ist ihr Vater!
Ihr Vater ist's!
Stella.
Eingestanden nun hat er,
Es ist mein Vater!
Claudine. Margaretha. Griolet. Robert.
Hokenbroing. Huizquidam.
Eingestanden nun hat er,
Es ist ihr Vater!
Monthabor.
Ich erklär' mich als Vater!
Ich bin ihr Vater!
Chor.
Eingestanden nun hat er,
Er ist ihr Vater!
Hokenbroing.
Stella!
Margaretha.
Stella!
Hokenbroing.
Was wirst Du nun beginnen?
Margaretha.
Was wirst Du nun beginnen?
Chor
Was wird sie nun beginnen?
Stella.
Ich folg' dem Vater
Und zieh' mit ihm von hinnen.

Lied.
Stella.
I.
Was frag' nach Rang und Titel ich,
Nach Glanz, der umstrahlt diese Mauern.
Ein minb'res Loos erwartet mich,
Ich wähl' es ohne Bedauern.
Ich bin keine reiche Erbin mehr,
Und all' diese Pracht, ich geb' sie her
Für dieses Kleid der Cantinière.
Ah! Jetzt heiß' ich Fräulein Monthabor,
   Ra, ra, ra, fla!
Und bin die Tochter vom Tambour=Major!
   Ra, ra, ra, fla!
Ich bin die Tochter, die Tochter —
Die Tochter, die Tochter vom Tambour=Major!
Chor.
Jetzt heißt sie Fräulein Monthabor,
   Ra, ra, ra, fla!
Und ist die Tochter vom Tambour=Major!
   Ra, ra, ra, fla!
Sie ist die Tochter, die Tochter,
Die Tochter, die Tochter vom Tambour=Major, fla!

II.
Ich sag' es frei mit Offenheit,
Bei Euch fühlt' ich gar kein Behagen,
Ich fühlte unter diesem Kleid
Das Herz der Französin schlagen.
Hier meine wahren Freunde steh'n,
Tret' zu ihren Fahnen jetzt über,
Des Vaterlandes Banner weh'n,
Und Sapperment! so ist mir's lieber! Ah!
Jetzt heiß' ich Fräulein Monthabor.
   Ra, ra, ra, fla!
Und bin die Tochter vom Tambour=Major,
   Ra, ra, ra, fla!

Ich bin die Tochter, die Tochter,
Die Tochter, die Tochter vom Tambour=Major!
Chor.
Jetzt heißt sie Fräulein Monthabor,
Ra, ra, ra, fla,
Und ist die Tochter vom Tambour=Major,
Ra, ra, ra, fla,
Sie ist die Tochter, die Tochter,
Die Tochter, die Tochter vom Tambour=Major, fla!
Monthabor.
Brav, Kind! von Deiner Lippe
Hör' ich gerne dies liebe Wort,
Laß hier die ganze Sippe,
Komm mit uns hinweg von dem Ort!
Robert.
So folgt mir schnelle
Auf der Stelle!
Hokenbroing
Nein, nein, Ihr geht nicht fort von hier.
Robert.
Und weshalb?
Hokenbroing.
Die Franzosen sind von Herzogenbusch abgezogen, unbedingt.
Robert.
Was sagt Ihr? Was sagt Ihr?
Hokenbroing.
Allein hier im Quartier
Seid von den Unsern Ihr umringt,
Und alle seid gefangen Ihr.
Die Franzosen.
Gefangen, wir?
Stella.
Wie? Gefangen sind wir?
Monthabor
Ah! Das sind nur Spielerei'n!
Robert
Gebt Raum nun Alle!

Chor.
Nein, nein, nein!
Robert.
Kommt nicht in unf're Näh'!
Monthabor.
Meine Liebe!
Jetzt giebt's Hiebe.
Nun laßt uns bilden ein Carrée!
Robert. Griolet. Monthabor.
Nun laßt uns bilden ein Carrée!
Claudine. Stella. Robert. Griolet und Monthabor.
:,: Nun laßt uns bilden ein Carrée! :,:
Wagt Euch nicht in unf're Näh'.
Schnelle brechen wir uns Bahn,
's ist geschlossen das Carrée,
Feiglinge, nun kommt heran.
Die Franzosen.
Wagt Euch nicht in unf're Näh'.
Schnelle brechen wir uns Bahn,
's ist geschlossen das Carrée,
Feiglinge, nun kommt heran!
Chor.
Auf die Kühnen einzubringen,
Sie zur Unterwerfung zwingen,
Schneidet ihnen ab die Bahn,
Keine Gnade, drauf und dran!
Hokenbroing und Chor.
Komm, Stella, zurück!
Stella. Claudine. Griolet. Robert und Monthabor.
Nein, nein, nein, nein!
Hokenbroing und Chor.
Komm, Stella, zurück!
Die fünf Obigen.
Nein, nein, nein, nein!
Hokenbroing und Chor.
In unsrem Kreis lacht Dir das Glück!

Die Fünf.

Nein { ich bin / sie ist } nimmer Ihre Tochter!

Ja, jetzt { heiß ich / heißt sie } Fräulein Monthabor.

Mit Chor.

Ra, ra, ra, fla!

Die Fünf.

Und { bin / ist } die Tochter vom Tambourmajor!

Mit Chor.

Ra, ra, ra, fla!

Alle.

Ich bin } die Tochter, die Tochter,
Sie ist } die Tochter vom Tambourmajor!

Stella. Claudine. Griolet. Robert. Monthabor und Chor der Soldaten.

Gebt frei, Ihr Feiglinge, die Bahn,
   Voran, voran!
Gebt frei, Ihr Feiglinge, die Bahn,
   Voran, voran!
   Gebt frei die Bahn,
Voran, voran, ja, nur voran!

Alle Uebrigen und Chor.

Wir greifen an,
Ja, drauf und dran,
Wir greifen an,
Ja, drauf und dran!
Wir greifen an,
Ja, drauf und dran!

(Ende des zweiten Aktes.)

Dritter Akt.
(Geräumige Gasthausstube.)

Nr. 16. **Introduction.**
Chor.
Still! Klugheit und Vorsicht von Allen,
Schweigen herrschen rings hier im Kreis,
Selbst unser Schritt darf laut nicht hallen.
Rede, Clampas, aber nur leis',
Rede nur leis', nur leis'.
Clampas.
Es wird keine Seele uns stören,
Und was hier gesprochen wird, hören.
Tenore und Bässe.
Niemand, Niemand!
Ganzer Chor.
— forschet uns aus!
Clampas.
Ihr seid Alle wohl Patrioten,
Feindlich gesinnt unsern Despoten.
Chor.
Fluch dem Oranier und seinem Haus!
Still und klug vor Allen,
Redet leis' ja, redet nur leis'!
Clampas.
Zuerst seht meine Nichte hier,
Französin und auch Cantinière.

Chor.
Ist es wahr?
Claudine.
Ja, ich hab' die Ehre. —
Clampas.
Dann seht den schmucken Lieutenant hier,
Offizier aus Pichegru's Hauptquartier,
Nun, Robert, kommt ganz ohne Bangen,
Herzlich seid von Allen empfangen.
Chor.
Lieutenant, kommt hierher ohne Bangen,
Ja, Ihr seid herzlich empfangen.
Aber wie kommt Ihr hierher?
Aber wie kommt Ihr hierher?
Claudine.
Das war sehr einfach.
Robert.
Das war sehr einfach.
Claudine und Robert.
Und gar nicht schwer.
Clampas.
Aber halt! Zu täuschen dort die Wachen,
Stellt aus Klugheit Euch an im Nu,
Als wolltet Ihr ein Tänzchen machen,
Und hört dabei ihm eifrig zu.
Chor.
Als wollten wir ein Tänzchen machen,
Und hört dabei ihm eifrig zu.
Robert.
In Nordbrabant wir lagen
In einem schönen Schloß,
Als plötzlich ohne Zagen
So ein Troß —
Claudine. Clampas. Chor.
Plim, plam!
Robert.
Von Herren eingedrungen
Auf unsre kleine Schaar.

Sie hätten bald bezwungen
Uns fürwahr!
Alle.
Plim, plam!
Robert.
Wir leisten Widerstand —
Alle.
Plim, —
Robert.
Als wir die Schurken sahen,
Mit Waffen in der Hand.
Alle.
Plam! —
Robert.
Der Schlingen zu entgehen —
Sie glaubten schon, o weh!
Alle.
Plim! —
Robert.
— Uns Alle festgenommen,
Doch uns — im Sturmcarrée —
Alle.
Plam!
Robert.
— gelang es zu entkommen,
In einem Wäldchen hatten verborgen wir uns still,
Als uns der nächt'ge Schatten überfiel.
Alle.
Plim, plam!
Robert.
Und als die Schaar wir zählten,
So war'n wir nur noch zwei,
Von Kameraden fehlten,
Ihrer drei, ja, ihrer drei!
Claudine und Robert.
Wir waren nur mehr Zwei,
's fehlten uns noch ihrer Drei,

Ja, ihrer — denn wir waren nur
  Unser Zwei
Und es fehlten, es fehlten ihrer Drei!
   Chor.
  :,: Plim, plam! Plim, plam! :,:
   :,: plam! :,:
   Robert.
Vergebens war mein Ruf, mein Schreien,
Ach, keine Antwort entgegen uns schallt;
Claudine und ich, wir waren zu Zweien
Allein nur dort im dichten Wald.
Doch zeitig früh, kaum beginnt's zu tagen,
Fährt langsam her ein Wagen
An uns vorbei —
Plötzlich bleibt er stehen,
Claudine ihn zu sehen,
Thut einen Schrei:
„Mein Onkel!" „Meine Nichte!"
Mit fröhlichem Gesichte
Sie Clampas umarmt.
   Ein Holländer.
Eine Patrouille!
   Robert.
O Glück! Nun enden alle Sorgen,
Er lud uns ein, mit ihm zu geh'n,
Vor fremden Blicken streng verborgen
Können froh der Zukunft entgegen wir nun seh'n.
Claudine. Robert. Clampas. Chor.
O Glück, nun enden alle Sorgen,
Er } lud uns } ein, mit ihm } zu geh'n,
Ich } sie   mir
Vor fremden Blicken streng verborgen,
Kann man } der Zukunft froh entgegen seh'n.
Könnt Ihr }
   Robert. Claudine.
O welche Freude, welche Wonne
  Für uns Zwei,
  Nun sind wir frei!

Er lud uns ein, mit ihm zu geh'n,
Wir können in die Zukunft seh'n
 Und streng verborgen
 Fremdem Blick,
 Sind wir geborgen,
 Welches Glück!
Uns lacht die Freude und das Glück,
 Ja, das Glück!
  Chor und Clampas.
Plim! plam! plim! plam! plim! plam!
 Nun sind sie frei,
 :,: Plim, plam! :,:
 Nun sind sie frei!
Er lud sie ein, mit ihm zu geh'n,
Sie können in die Zukunft seh'n,
 Und streng verborgen
 Fremdem Blick
 Sind sie geborgen —
 Welches Glück!
Es lacht die Freude und das Glück,
 Ja, das Glück!

Nr. 17. Lied.

Stella.

I bin the little coachman very nice coachman;
I sail, yes very well und ohne umzubrech'n,
I bin something the king of alle fine coachmen,
Bin beautiful and very pretty anzuseh'n,
Ich lenk' mit Grazie und mit force a horse oder
         Pferd,
Zwei horses, drei horses, all right that is was
         werth,
Aou, naou, I fahre in the street as wie im room,
Aou, naou, I warf noch keinen einz'gen Wagen um,
I fahre break, dogcart, mail coach.
Brougham, landau but stag coach.
I fahre break, dogcart, mail coach.
Hansome, phaëton, cab, hock nay coach,

Brougham, dogcart, cab et mail coach,
Aou yes, aou yes,
I bin the little coachman, very nice coachman,
I sail yes very well und ohne umzubreh'n,
I bin something the king of alle fine coachmen,
Bin beautiful and very pretty anzuseh'n.

Stella.

I bin the little coachman, very nice coachman,
I sail, yes very well und ohne umzubreh'n,
I bin something the king of alle fine coachmen,
Bin beautiful and very pretty anzuseh'n.

Griolet. Hofenbroing. Monthabor.

Er ist the little coachman, very nice coachman,
Fährt schnell very well und ohne umzubreh'n,
Er ist something king of alle fine coachmen,
Ist beautiful and very pretty anzuseh'n.
Mylord lieben die Misses schön.
I have gefahren schon auf Ehre
The finest girls more as then,
The most different von verschiedene Couleure.
Of black and fair all right,
Of brown, of white all right,
Of blues and red all right,
Of red carott all right,
Of brown and blak, of green and blues,
Of brown and blak, of green and blues,
Aou yes „:, .:, ,:,
I bin the little coachman, very nice coachman,
I sail, yes very well und ohne umzudrehen,
I bin something the king of alle fine coachmen,
Bin beautiful and very pretty anzuseh'n!

Griolet. Hofenbroing. Monthabor.

Er ist the little coachman, very nice coachman,
Fährt schnell very well und ohne umzubreh'n,
Er ist something the king of alle fine coachmen.
Ist very pretty anzuseh'n.

Nr. 18. **Quartett.**
Stella und Griolet.
Ja, ich bin's, theurer Freund!
Welches Glück, welche Freuden,
Nun vorbei sind die Leiden,
Sehen wir uns vereint.
Robert.
Seh' ich recht? Ihr erscheint,
Welches Glück, welche Freuden,
Nun vorbei sind die Leiden,
Sehen wir uns vereint!
Monthabor.
Ja, ich bin's, theurer Freund,
Welches Glück, welche Freuden,
Nun vorbei sind die Leiden,
Sehen wir uns vereint!
Robert.
Ach, aller Kummer ist vorüber.
Sie, theure Stella, mir so nah'.
Monthabor.
Nun geh', genir' Dich nicht, mein Lieber,
Umarmt und küßt Euch Beide da!
Robert.
Wie? Du erlaubst es mir etwa?
Stella.
Nun freilich! Denn jetzt schickt sich's ja,
Gehorchen muß man dem Papa!
Griolet.
Er war in zwanzig Schlachten eben,
Doch nie so schüchtern ich ihn sah.
Monthabor.
Nun den Verlobungskuß gegeben,
Potz Element! umarmt Euch da!
Robert.
Wie? Du erlaubst es mir etwa?
Stella.
Nun freilich! Denn es schickt sich ja,
Gehorchen muß man dem Papa!

Stella und Griolet.
Ja, ich bin's, theurer Freund!
Robert.
Seh' ich recht? Ihr erscheint?
Monthabor.
Ja, ich bin's, theurer Freund!
Alle Vier.
Welches Glück, welche Freuden,
Nun vorbei sind alle Leiden,
Sehen wir uns vereint!

Nr. 19. **Duo.**
I.
Margaretha.
Kaum, daß ich erwartet es hatte,
Erscheint plötzlich mein erster Gatte!
Monthabor.
Die Sache mich sehr interessirt,
Ich höre zu, wohin das führt!
Margaretha.
Die Pelzmütze, ach, so romantisch,
Der Federbusch, o, wie gigantisch!
Monthabor.
Zur Uniform das nur rangirt,
Ich höre, was weiter arrivirt.
Margaretha.
Mein armes Herz war wie zerknittert,
Sein Anblick hat mich tief erschüttert.
Monthabor.
O Gnädige! ich bin tief gerührt,
Von Herzen sind Sie absolvirt!
Margaretha.
Ach, Sie müssen nicht lachen,
Car on revient toujours,
Was will man immer machen,
A ses premières amours.
Monthabor.
Bei so ernsten Sachen
Pfleg' niemals ich zu lachen,

On revient toujours
A ses premières amours.
II.
Margaretha.
Seit jenem Tag, ich muß gestehen,
Glaub' Bernard ich immer zu sehen.
Monthabor.
Nun fahren Sie fort, wie's gebührt;
Neugierig bin ich, was b'raus wird!
Margaretha.
Ich finde, daß jetzt er, auf Ehre,
Viel stolzer und stattlicher wäre!
Monthabor.
Als Schönheit geschildert er wird,
Doch sprechen Sie, was noch passirt!
Margaretha.
Will Schlummer auf's Auge sich senken,
An Riem und Cartouche muß ich denken.
Monthabor.
In's Lederzeug, das war rangirt,
Und trotzdem sind Sie absolvirt!
Margaretha.
Ach, Sie müssen nicht lachen,
Car on revient toujours.
Was will man immer machen,
A ses premières amours.
Monthabor.
Bei so ernsten Sachen
Pfleg' niemals ich zu lachen,
On revient toujours
A ses premières amours.

Offene Verwandlung.
(Ein großer Platz in Amsterdam.)

Nr. 20. **Letztes Finale.**
Chor.
Ein Hochzeitstag ist heute,
Daß sich die ganze Schaar

Zum Feste vorbereite,
Das gilt dem jungen Paar!
Clampas.
Wißt Ihr auch schon, was leise
In hies'ger Stadt man spricht?
Chor.
Nein, sag's verstohl'ner Weise,
Noch wissen wir es nicht.
Clampas.
Man sagt, daß alle Straßen
Voll von Franzosen sei'n,
Die den Moment erfassen,
Zu bringen hier herein!
Chor.
Sie sollen, sie sollen willkommen sein!
Clampas.
Still'! 's sind Soldaten
Auf uns'rer Spur,
Nichts zu verrathen,
Entfernt Euch nur!
Chor.
Ein Hochzeitstag ist heute,
Daß sich die ganze Schaar,
Zum Feste vorbereite,
Das gilt dem jungen Paar!
Robert.
Clampas! Ja, staune nur!
Clampas.
Robert!
Robert.
Ich bin's, mein Freund!
Sie ließen frei mich zieh'n,
Ganz ohne Grund, wie's scheint!
Doch soll im Augenblick
Ich diese Stadt verlassen.
Clampas.
Das ist für Sie ein Glück!

Robert.
Wie? ein Glück! Kann ich's faffen?
Und Stella? was ist mit ihr?
Clampas.
Ich weiß es nicht, doch fort von hier!
Robert.
Nein, nein! nein! ich will sie seh'n!
Die Glocken! Was mag gescheh'n?
Chor des Gefolges.
Gehen wir hin zum Traualtar,
Und auf seinen Wegen
Wünschen wir dem jungen Paar
Immer Glück und Segen.
Margaretha.
Nun, Stella — komm und eilen wir!
Robert.
Stella! was sagt sie? Ach, sie ist hier!
Ach, sie hat ihre Hand vergeben,
Um nur zu retten mir das Leben!
Haltet ein!
Chor.
Ein Franzos!
Clampas.
Er selbst sich ruinirt.
Margaretha.
Sie ist es nicht, Sie täuschen sich!
Robert.
Wohlan, überzeugen will ich mich!
Claudine!
Claudine.
Die falsche Braut ist beklarirt,
Und wird mit ihm gleich arretirt.
Chor.
Was muß ich seh'n?
Welch' ein fremd Gesicht!
Ich irre kaum,
Das ist Stella nicht!
Claudine.
Daß Sie der schönste Kukuk hole,

Ich glaubte Sie schon weit von da,
Und wollte spielen eine Rolle
Bis zum Moment des schüchternen „Ja".
    Hokenbroing.
Man nehme schnelle — Beide fest,
Führ' auf der Stelle — sie in Arrest!
   Volk. Tenore und Bässe.
Wir schützen Euch, seid ohne Bangen!
     Robert.
Nein, Freunde, bleibt, ich gebe mich gefangen!
    Hokenbroing.
Fort in Arrest!
    Margaretha.
Es erlischt der Hoffnung Licht.
     Claudine.
Was haben Sie gethan?
     Robert.
       Meine Pflicht!
Was ist das?
     Chor.
Wie das klingt!
     Claudine.
Militairische Lieder.
     Robert.
Dieser Marsch, hör' ich recht!
Ich kenn' die Melodie!
    Tenor und Bässe.
O höret!
     Clampas.
Franzosen rücken ein!
     Chor.
Franzosen, unsre Freunde, unsre Brüder,
Es sind unsre Retter! Auf, empfanget sie!
    Hokenbroing.
Sie sind in der Stadt? Was Teufel! uns so nah?
     Chor.
 Sie sind da, Vivat!
 Sie sind da! Vivat! Vivat! Vivat!
 Sie sind da!

Alle. Soli und Chor.
Erlösungstag! o blick' hernieder,
Sonnenbild, leuchtend hell und klar;
Unsern Rettern singt Jubellieder,
Der Freiheit ein Hoch bringt dar!
Hokenbroing.
Nun ohne viel Bedenken
Rasch einlenken!
Die Franzosen hoch!
Erwartet habe ich Euch doch!
Robert.
Nun darf ich ohne Bangen,
Dich umfangen!
Stella.
Von allem Leid Dich zu befrei'n,
Auf ewig, Robert, bin ich Dein!
Claudine.
Ich seh' es klar, es ist deutlich,
Niemals liebt er mich.
Griolet.
Das ist bekannt!
D'rum nimm mich,
's ist unvermeidlich!
Claudine.
Ja, da hast Du Recht, hier meine Hand!
Claudine und Griolet.
Hier, meine Hand!
Monthabor.
Margot wird sich im Glanze zeigen,
Wenn sie dies Paar zur Trauung führt.
Margaretha.
Herzlich gern!
Hokenbroing
Aber —
Monthabor.
Wirst Du wohl jetzt schweigen?
Hokenbroing.
Aber meine Güter, ich bin ruinirt!

			Huizquidam.
Ich auch!
			Robert.
Bei uns wird's jetzt
Eine Familie nur geben,
Papa, Papa Monthabor.
			Stella.
Und die Tochter soll leben
Vom Tambour-Major!
			Alle und Chor.
Die Tochter soll leben
Vom Tambour-Major!
			Stella.
Gebrochen ist der Widerstand,
Wir haben ihn glücklich bezwungen,
Der Sieg ist nun in unsrer Hand,
Und glorreich ward er errungen.
Zwar gab es manches Hinderniß;
Und wollte das Schicksal uns necken,
So half mein Muth uns durch gewiß,
Denn mich kann nichts, gar nichts erschrecken! Ja!
Ich heiße Fräulein Monthabor.
			Ra, ra, ra, fla!
Und bin die Tochter vom Tambour-Major!
			Ra, ra, ra, fla, fla!
Ich bin die Tochter, die Tochter,
Die Tochter, die Tochter vom Tambour-Major!
			Chor.
Sie heißt Fräulein Monthabor,
			Ra, ra, ra, fla!
Und ist die Tochter vom Tambour-Major!
			Ra, ra, ra, fla!
Sie ist die Tochter, die Tochter,
Die Tochter, die Tochter vom Tambour-Major,
Hoch leb' die Tochter vom Tambour-Major!

			(E n d e.)